STRUM & SING

HITS OF THE '70s

Cover art by Levin Pfeufer

Cherry Lane Music Company
Director of Publications/Project Editor: Mark Phillips
Publications Coordinator: Gabrielle Fastman

ISBN 1-57560-857-X

Visit our website at www.cherrylane.com

CONTENTS

Afternoon Delight

Words and Music by Bill Danoff

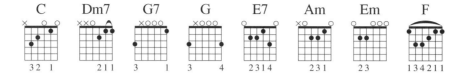

Verse 1

|**C** |
Gonna find my baby, gonna hold her tight

|**Dm7** |
Gonna grab some afternoon delight

|**C** |
My motto's always been "when it's right, it's right."

|**Dm7** | |
Why wait until the middle of a cold dark night

Dm7 | |**G7** | |
When every - thing's a little clearer in the light of day

Dm7 | |**G7** | ||
And we know the night is always gonna be there anyway?

Verse 2

C |
Thinkin' of you's workin' up my appetite;

|**Dm7** |
Looking forward to a little after - noon delight.

|**C** |
Rubbin' sticks and stones together makes the sparks ingite,

|**Dm7** | ||
And the thought of lovin' you is getting so exciting.

Chorus

```
        C                    |                 |
        Sky  rockets  in  flight.

        G         E7        |Am           |              |
        Afternoon      delight.

        Dm7  Em  |F          G7        C    |            |            |
        Af    -      ternoon    de - light.

        Dm7  Em  |F          G7        C    |            |
        Af    -      ternoon    de - light.
```

Verse 3

```
                    ‖C                      |
        Started  out  this  morning  feeling  so  polite.

                    |Dm7                                    |
        I  always  thought  a  fish  could  not  be  caught  who  didn't  bite.

                    |C                             |
        But  you've  got  some  bait  a - waitin'  and  I  think  I  might

        |Dm7                        |                        ‖
        Like  nibbling  a  little  after - noon  delight.
```

Repeat Chorus

Bridge

```
        Dm7    |                         |G7          |                    |
        Be        waiting  for  me,  baby,  when  I  come  around.

        Dm7         |                         |G7              |              ‖
        We       can  make  a  lot  of  lovin'  'fore  the  sun  goes  down.
```

Repeat Verse 2

Repeat Chorus

Annie's Song

Words and Music by
John Denver

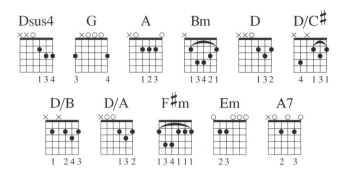

Verse 1

|Dsus4 ||G |A |Bm
You fill   up my sens - es

         |G |D |D/C♯ |D/B
Like a night in a forest,

      |D/A |G |F♯m |Em
Like the mountains in spring - time,

      |G |A7 | |
Like a walk in the rain.

      |A7 |G |A |Bm
Like a storm in the des - ert,

      |G |D |D/C♯ |D/B
Like a sleepy blue ocean,

      |D/A |G |F♯m |Em
You fill up my sens - es,

      |A7 |D |Dsus4 |D |
Come fill me a - gain.

Verse 2

Dsus4 ‖**G** |**A** |**Bm**
Come let me love you,

|**G** |**D** |**D/C**♯ |**D/B**
Let me give my life to you,

|**D/A** |**G** |**F**♯**m** |**Em**
Let me drown in your laugh - ter,

|**G** |**A7** | | |
Let me die in your arms.

|**A7** |**G** |**A** |**Bm**
Let me lay down be - side you,

|**G** |**D** |**D/C**♯ |**D/B** |
Let me always be with you,

D/A |**G** |**F**♯**m** |**Em**
Come let me love you,

|**A7** |**D** |**Dsus4** |**D**
Come love me a - gain.

Repeat Verse 1

A Boy Named Sue

Words and Music by
Shel Silverstein

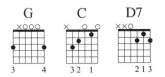

Verse 1

|**G** |
Well, my "daddy" left home when I was three,

|**C** |
And he didn't leave much to Ma and me,

|**D7** | |**G** |
Just this old guitar and an empty bottle of booze.

|**G** |
Now, I don't blame him because he run and hid,

|**C** | |**D7**
But the meanest thing that he ever did was be-fore he left,

|**D7** |**G** |
He went and named me Sue.

Verse 2

‖**G** |
Well, he must have thought it was quite a joke,

|**C** |
And it got lots of laughs from a lot of folks.

|**D7** | |**G** |
It seems I had to fight my whole life through.

|**G** |
Some gal would giggle and I'd get red.

|**C** |
And some guy would laugh and I'd bust his head,

|**D7** | |**G** |
I tell you, life ain't easy for a boy named Sue.

Verse 3

```
   ||G                        |
Well, I grew up quick and I grew up mean.

      |C                 |              |
My fist got hard and my wits got keen.

D7                    |              |G          |
Roamed from town to town to hide my shame.

      |G                |              |
But I made me a vow to the moon and stars,

C                  |
I'd search the honky - tonks and bars

      |D7              |                |G      |
And kill that man that give me that awful name.
```


Verse 4

```
      ||G                 |
But it was Gatlinburg in mid July,

          |C               |          |
And I had just hit town and my throat was dry.

D7                    |          |G        |
   I'd thought I'd stop and have myself a brew.

      |G                |              |
At an old saloon on a street of mud,

C                |              |
There at a table dealing stud

D7                      |              |G      |
Sat the dirty, mangy dog that named me Sue.
```

Verse 5

‖**G** |
Well, I knew that snake was my own sweet dad

|**C** |
From a worn-out picture that my mother had.

|**D7** | |**G** |
And I knew that scar on his cheek and his evil eye.

|**G** |
He was big and bent and gray and old

|**C** |
And I looked at him and my blood ran cold,

|**D7** | |**G** |
And I said "My name is Sue.   How do you do?

|**G** | | | | |
Now you're gonna die."   Yeah that's what I told him.

Verse 6

‖**G** | |
Well, I hit him hard right be - tween the eyes and

C | |
   He went down, But to my surprise

D7 | |**G** |
   He come up with a knife and cut off a piece of my ear.

|**G** |
But I busted a chair right a - cross his teeth,

|**C** | |
And we crashed through the wall and into the street,

D7 | |**G** |
Kicking and a-gouging in the mud and the blood and the beer.

Verse 7

```
‖G                              |                    |
I tell you I've fought tougher men but I

C                              |
Really can't remember when.

   |D7                         |              |G            |
He kicked like a mule and he bit like a croco - dile.

   |G                          |
I heard him laugh and then I heard him cuss,

      |C                       |
And he went for his gun and I pulled mine first.

   |D7                         |              |G        |
He stood there looking at me       and I saw him smile.
```

Verse 8

```
              ‖G          |        |                    |
And he said, "Son,        this world is rough and if a man's gonna make it,

   |G                     |              |D7             |G      |
He's gotta be tough, and I know I wouldn't be there to help you a - long.

   |G                     |
So I give you that name and I said goodbye,

  |C                      |
I knew you'd have to get tough   or die.

   |D7                    |                  |G          |
And it's that name that helped to make you strong."
```

Verse 9

```
    ‖G            |              |
Yeah,    he said, "Now, you just fought one helluva fight,

     |C                         |
And I know you hate me and you've got the right

   |D7                          |              |G        |
To kill me now and I wouldn't blame you if you do.

     |G                         |
But you ought to thank me be - fore I die

     |C                         |
For the gravel in your guts and the spit in your eye

     |D7           |              |G         |
'Cause I'm the ——       that named you Sue."

     |G                         |              |C
Yeah, what could I do?     What could I do?
```

Verse 10

        ‖C |D7
I got all choked up and I threw down my gun

       |D7 |G |
And called him my pa and he called me his son,

G | | |D7
   And I come away with a different point of view.

       |G |
And I think about him now and then.

       |C | |D7 N.C.
Every time I tried, every time I win,   and if I ever have a son

N.C. |G   ‖
I think I'm gonna name him ... Bill or George! ... anything but Sue!

Crocodile Rock

Words and Music by
Elton John and Bernie Taupin

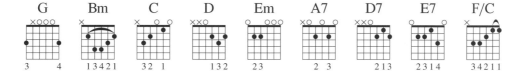

Verse 1

|G
I remem - ber when rock was young,

|Bm
Me and Su - zie had so much fun

|C
Holding hands   and skimming stones;

|D
Had an old   gold Chevy and a place of my own.

|G
But the big - gest kick I ever got

|Bm
Was doing a thing called the crocodile rock.

|C
While the oth - er kids were rocking round the clock,

|D
We were hop - pin' and boppin' to the crocodile rock.

Chorus

‖**Em** |
Well, crocodile rocking is something shocking

|**A7** | |
When your feet just can't keep still.

D7 | |**G** |
I never knew me a better time and I guess I never will.

|**E7** |
Oh lawdy mama, those Friday nights

|**A7** |
When Suzie wore her dresses tight

|**D7** | |**F/C** **C** **F/C**| **C** **F/C** **C** ‖
And the crocodile rocking was out of sight.

Interlude

G | |**Em** |
La, la la la la la,

Em |**C** |
La la la la la,

C |**D** |
La la la la la.

Verse 2

||G |

But the years   went by and the rock just died.

|Bm |

Su - zie went and left us for some foreign guy.

|C |

Long   nights crying by the record machine,

|D |

Dream - ing of my Chevy and my old blue jeans.

|G |

But they'll never kill the thrills we've got

|Bm |

Burning up to the crocodile   rock.

|C |

Learning fast   as the weeks went past,

|D |

We really thought the crocodile rock would last.

Repeat Chorus

Repeat Interlude

Repeat Verse 1

Repeat Chorus

Repeat Interlude

Cecilia

Words and Music by Paul Simon

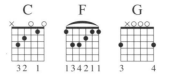

Chorus 1

C |F   C
Celia, you're breaking my heart.

     |F   C |G
You're shaking my con - fidence dai - ly.

     |F   C |F   C
Oh Ce - cil - ia, I'm down on my knees.

     |F   C |G   ‖
I'm begging you please   to come home.

Chorus 2

C |F   C
Celia, you're breaking my heart.

     |F   C |G
You're shaking my con - fidence dai - ly.

     |F   C |F   C
Oh Ce - cil - ia, I'm down on my knees.

     |F   C |G |C   ‖
I'm begging you please   to come home,   come on home.

Verse

```
  C                        |F                    |C
      Making love in the af - ternoon    with Cecil - ia
  F        |G         C                 |
  Up in my    bedroom   (making love).
  C                        |F
      I got up to wash    my face.
               |C                         |G           C            ||
  When I come back to bed someone's tak - en my place.
```

Chorus 3

```
  C              |F                   C
  Celia, you're breaking my heart.
           |F            C          |G
  You're shaking my con - fidence dai - ly.
            |F    C    |F              C
  Oh Ce - cil - ia, I'm down on my knees.
        |F             C            |G              |C
  I'm begging you please   to come home,     come on home.
```

Interlude

```
            ||F                    |                  |G
  Poh poh poh poh poh poh poh poh poh poh poh poh    poh.
```

Bridge

```
            ||F    C    |F            C
  Jubi - la - tion, she loves me again.
        |F            C            |G
  I fall on the floor    and I'm laugh - ing.
        |F    C    |F            C
  Jubi - la - tion, she loves me again.
        |F            C            |G
  I fall on the floor    and I'm laugh - ing.
```

Tag

```
            ||F    C    |F            C
  Oh oh oh    oh oh oh oh oh oh
        |F            C          |G                        |C              ||
  Oh oh oh oh oh    oh oh oh    oh,        come on home.
```

Cold As Ice

Words and Music by
Mick Jones and Lou Gramm

Amsus4   Am   F6   F   Dm   C   B+   F/G   E7   E   G

Verse 1

Amsus4   Am |Amsus4   Am |
       You're as cold   as ice.

F6   F |F6   F |Amsus4 Am |Amsus4 Am |F6 F |F6 F |
   You're willing to sacrifice   our love.

Amsus4   Am |Amsus4   Am |
       You never take advice.

F6   F |F6   F |Dm
   Someday you'll   pay the price, I know.

Chorus

            ‖C |B+
I've seen it before; it happens all the time.

      |Dm |F   F/G
You're closing the door; you leave the world behind.

      |C |B+
You're digging for gold yet throwing away

|Dm |E7   ‖
A fortune in feelings, but someday you'll pay.

Interlude   Amsus4   Am |Amsus4   Am |F6   F |F6   F   ‖

Verse 2

```
        Amsus4  Am              |Amsus4        Am           |
                      You're as cold        as ice.
```

```
        F6        F       |F6        F          |Amsus4 Am  |Amsus4 Am  |F6  F  |F6  F  |
           You're willing to sacrifice  our love.
```

```
        Amsus4  Am              |Amsus4    Am           |
                      You want paradise.
```

```
        F6   F             |F6        F    |Dm
           Someday you'll    pay the price, I know.
```


Repeat Chorus

Interlude

```
        F         |          |Am        |          |
```

```
        F       |Dm   |C     E |       G    ||
```


Bridge

```
        Am      |E7     |           |                    |
        Cold     as     ice,    you know    that you are,
```

```
        Am      |E7     |           |                    |
        Cold     as     ice,     as cold    as ice to me.
```

```
        Am      |E7     |      |      |F    |      ||
        Cold     as     ice.
```


Outro

```
        Amsus4  Am      |Amsus4  Am  |F6      F       |
        Ooh,
```

```
        F6        F    |Amsus4  Am   |Amsus4  Am  |F6      F    |F6      F    |
        Cold as, cold as ice.
```

```
        Amsus4  Am              |Amsus4      Am  |F6    F    |
                      You're as cold        as ice,
```

```
        F6        F          |Amsus4  Am     |
        Cold as ice,    I know,
```

```
        Amsus4     Am          |F6    F    |F6    F    |Am         ||
                      Yes, I know.
```

Day After Day

Words and Music by Walt Harrah
and John A. Schreiner

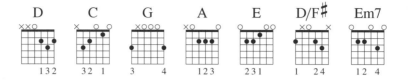

Verse 1

D |C   G |D | |
I remember finding out about you.

D |C   G |D | ||
Every day my mind is all around you.

Chorus 1

A |E |G   D/F#   Em7 |D |
Looking out of my lonely room, day af - ter   day.

A |E |
Bring it home, baby; make it soon.

G   D/F#   Em7 |D |Em7 |D/F# |Em7 ||
I   give   my   love to you.

Verse 2

```
D              |C    G        |D          |              |
I  remember  holding  you  while  you  sleep.

D              |C    G        |D          |            ||
Every  day  I  feel  the  tears  that  you  weep.
```

Chorus 2

```
A                    |E            |G    D/F♯  Em7 |D          |
Looking  out  of  my  lonely  gloom,  day   af - ter    day.

A                    |E                    |
Bring  it  home,  baby;  make  it  soon.

G    D/F♯  Em7 |D            |Em7      |D/F♯    |Em7      ||
I    give   my    love  to  you.
```

Repeat Verse 1

Repeat Chorus 2

Dixie Chicken

Words and Music by Lowell George
and Martin Kibbee

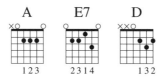

Verse 1

       |A |
I've seen the bright lights of Mem - phis

    |A |E7
And the Commodore Hotel,

  |E7 |
And underneath a street   lamp

  |E7 |A
I met   a Southern belle.

   |D |A |
Oh, she took me to the riv - er,

A |E7
Where she cast her spell,

  |E7 |
And in the Southern moon - light

  |E7 |A
She sang   her song so well.

Chorus

    ‖**A** |
If you be my Dixie chick - en

    |**A** |**E7**
I'll be your Tennessee lamb,

    |**E7** |
And we can walk togeth - er

    |**A** | | |
Down in Dixieland,   down in Dix - ieland.

Verse 2

    ‖**A** |
Well,   we made all the hot   spots;

    |**A** |**E7**
My   money flowed like wine.

    |**E7** |
And that low-down Southern whis - key

    |**E7** |**A**
Began   to fog my mind.

    |**D** |**A**
And I don't remember church   bells

    |**A** |**E7**
Or the money I put down

    |**E7** |
On the white picket fence and board - walk

    |**E7** |**A**
Of the house at the edge of town.

    |**D** |**A**
Oh, but boy, do I remem - ber

    |**A** |**E7**
The strain of her refrain

    |**E7** |
And the nights   we spent togeth - er

    ‖**E7** |**A**
And the way she called my name.

Repeat Chorus

Verse 3

       ‖**A** |
Well,   been a year since she   ran away;

       |**A** |**E7**
Guess that guitar player sure could play.

      |**E7** |
She always liked to sing   along;

        |**E7** |**A** |
She's al - ways handy with   a song.

D |**A**
Then one night in the lobby

        |**A** |**E7**
Of the Commodore Hotel,

     |**E7** |
I chanced to meet a bartend - er

      |**E7** |**A**
Who said he knew her well.

       |**D** |**A**
And as he handed me   a drink,

        |**A** |**E7**
He be - gan to hum a song,

        |**E7** |
And all   the boys there at   the bar

      ‖**E7** |**A**
Be - gan to sing along.

Repeat Chorus

Hummingbird

Words and Music by Leon Russell

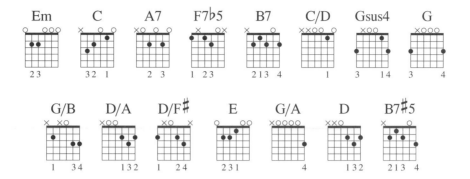

Verse 1

|Em |C
Some - times I get im - patient,

|Em |A7
But she cools me without words.

|Em |F7♭5 |C
And she comes so sweet and softly, my hummingbird.

|B7
And have you heard

|Em |C
That I thought my life had ended?

|Em |A7
But I find that it's just begun,

|Em
'Cause she gets me where I live.

|F7♭5
I'll give all I have to give.

|C   C/D |Gsus4   G
I'm talking about that humming - bird.

Chorus

‖**C**   **G/B**
Oh, she's little and she loves me

         |D/A   **G**
Too much for words to say.

    |D/F♯   **F7♭5**   **|E**
When I see her in the morning sleeping,

    |C   **G/B**
She's little and she loves me

    |D/A **G**
To my lucky days.

G   **G/A**   **|C/D** **D**   **|B7♯5**   **B7**
Hummingbird,   don't fly away.

Verse 2

    ‖**Em** |**C**
When I'm feeling wild and lonesome,

  |**Em** |**A7**
She knows the words to say.

    |**Em** |**F7♭5** |**C**
And she gives me a little under - standing in her special way.

    |**B7**
And I just have to say,

   |**Em** |**C**
In my life I love no other,

     |**Em** |**A7**
Because she's more than I deserve.

    |**Em**
And she gets me where I live.

   |**F7♭5**
I'll give all I have to give.

  |**C**   **C/D** |**Gsus4**   **G**
I'm talking about that humming - bird.

Repeat Chorus

              ‖**C** |**G** |**D** |
Outro   Don't fly a - way,   a - way.

              |**C** |**G** |**D** | ‖
Don't fly a - way,   a - way.

Feel Like Makin' Love

Words and Music by Eugene McDaniels

Dm7 Dm7/G Cmaj7 B♭7 A7 G♭7♭5 Fmaj7 Em7 Am7 D

Verse 1

Dm7
Strollin' in the park,

Dm7/G   **|Cmaj7   B♭7| A7 |**
Watchin' winter turn to spring,

Dm7 |
Walkin' in the dark,

Dm7/G   **|Cmaj7 |**
Seein' lovers do their thing,

Chorus

G♭7♭5   ‖Fmaj7 |
Ooh,   that's the time

Em7   **|Dm7 |Am7 |**
I feel like makin' love   to you.

Fmaj7 |
That's the time

Em7   **|B♭7 |Am7   D | ‖**
I feel like makin' dreams   come true,   oh ba - by.

Verse 2

Dm7 |
   When you talk to me,

Dm7/G |**Cmaj7** **B♭7**| **A7** |
   When you're moanin' sweet and low,

Dm7 |
   When you're touchin' me,

Dm7/G |**Cmaj7** |
   And my feelin's start to show,

Repeat Chorus

Verse 3

Dm7 |
   In a restaurant

Dm7/G |**Cmaj7** **B♭7**| **A7** |
   Holdin' hands by candlelight,

Dm7 |
   While I'm touchin' you,

Dm7/G |**Cmaj7** |
   Wanting you with all my might,

Repeat Chorus

Repeat Verse 1

Repeat Chorus

Follow Me

Words and Music by
John Denver

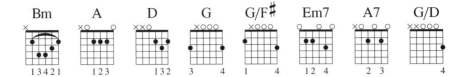

Intro

|Bm |A |D
It's by far the hardest thing   I've ever done,

|G   G/F# |Em7 |A |A7
To be so in love with you and so a-lone.

Chorus

‖D |Em7 |D |G
Follow me   where I go,   what I do   and who I know,

|D |Em7 |A |A7
Make it part of you to be a part of me.

|D |Em7 |D |G |
Follow me   up and down,   all the way and all around,

D |G   A7 |D |
Take my hand and say you'll follow me.

Verse 1

‖D |A |G |D
It's long been on my mind,   you know it's been a long, long time,

|Bm |A |G |A
I'll try to find the way that I can make you under-stand

|G |D |G |D
The way I feel about   you and just how much I need you

|G   G/F# |Em7 G/D |G |A |A7
To be there where I   can talk to you when there's no one else around.

Repeat Chorus

Verse 2
            D   **A**   **G**   **D**
You see, I'd like to share my life with you and show you things I've seen,

Bm   **A**   **G**   **A**
Places that I'm going to, places where I've been

 G   **D**   **G**   **D**
To have you there beside me and never be a-lone

 G   **G/F♯**   **Em7**   **G/D**   **G**   **A**   **A7**
And all the time that you're with me, then we will be at home.

Repeat Chorus

Garden Song

Words and Music by
Dave Mallett

(Capo 2nd fret)

D   G   A

Verse 1

D |G   D |G   A |D |
Inch by inch, row by row,   gonna make this garden grow,

G   A |D |G |A |
All it takes is a rake and a hoe and a piece of fertile ground.

D |G   D |G   A |D |
Inch by inch, row by row,   someone bless the seeds I sow,

G   A |D |G   A |D |G D| |A D||
Someone warm them from below 'til the rain comes tumbling down.

Verse 2

D |G   D |G   A |D |
Pulling weeds and pickin' stones, man is made of dreams and bones,

G   A |D |G |A |
Feel the need to grow my own 'cause the time is close at hand.

D |G   D |G   A |D |
Grain for grain, sun and rain, find my way in nature's chain,

G   A |D |G   A |D A |D ||
To my body and my brain to the music from the land.

Verse 3

```
D              |G           D |G       A    |D              |
Plant your rows straight and long,  thicker than  with prayer and song,

G      A     |D                  |G              |A      |
Mother Earth will make you strong if you give her love and care.

D              |G    D |G           A    |D          |
Old crow watchin' hungrily  from his perch  in yonder tree,

G      A    |D              |G       A    |D  |A   |D   |A   ||
In my garden I'm as free as that feathered beak up there.
```

Verse 4

```
D           |G         D |G    A      |D              |
Inch by inch, row by row,   gonna make this garden grow,

G    A      |D                  |G                  |A      |
All it takes is a rake and a hoe and a piece of fertile ground.

D           |G    D |G    A      |D          |
Inch by inch, row by row,   someone bless the seeds I sow,

G        A    |D              |G       A    |D   |    |A  D ||
Someone warm  them from below 'til the rain comes tumbling down.
```

Heard It in a Love Song

Words and Music by Toy Caldwell

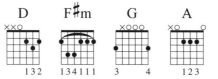

Verse 1

|D |
I ain't never been with a woman long enough

F♯m
    For my boots to get old.

G
  We've been togeth - er so long now,

|D
They both need re - soled.

D
   If I ever settle down,

F♯m
    You'd be my kind,

    |G
And it's a good time for me

  |A |D
To head on down the line.

Chorus

‖D   A |G
Heard it in a love   song.

|D   A |G
Heard it in a love   song.

|D   A |G
Heard it in a love   song.

|D |A |G   D ‖
Can't be wrong.

Verse 2

```
D                     |             |
    I'm  the  kind  of  man
F♯m                        |          |
       Who  likes  to  get  away,
G                 |
    Likes  to  start  dreaming  about
   |D           |          |
To - morrow  to - day.
D                       |
    Never  said  that  I  loved  you
   |F♯m                |
Even  though  it's  so.
          |G              |A
There's  that  duffle  bag  of  mine;
              |D          |
It's  time  to  go.
```

Repeat Chorus

Verse 3

```
D                 |             |
    I'm  gonna  be  leaving
F♯m                      |          |
       At  the  break  of  dawn.
G                         |
    Wish  you  could  come,
                   |D           |           |
But  I  don't  need  no  woman  taggin'  a - long.
D                 |
    Always  something  greener
   |F♯m                  |
On  the  other  side  of  that  hill.
            |G
I  was  born  a  wrangler  and  a  rounder
   |A             |D          |
And  I  guess  I  always  will.
```

Repeat Chorus

I'd Really Love to See You Tonight

Words and Music by Parker McGee

Dm7 G7 Cmaj7 Em7 Am7 F/G G

Fmaj7 G/F C G/C F/C Dm Am

Verse 1

Dm7   G7 |Cmaj7
    Hello,   yeah, it's been a while.

         |Dm7 G7 |Cmaj7 |
Not much,   how about you?

Em7 |Am7
    I'm not sure why   I called.

    |F/G |G ||
I guess I really just wanted to talk to you.

Verse 2

Dm7   G7 |Cmaj7 |
    And I was thinking maybe later on

Dm7   G7 |Cmaj7 |
    We could get to - gether for a while.

Em7 |Am7
    It's been such a long   time

    |F/G |G ||
And I really do miss your smile.

Chorus

```
        Fmaj7        G/F              |Em7
            I'm  not  talking  about  mov - ing  in,

                    |Fmaj7        G/F            |Em7      Am7
And  I  don't           want  to  change  your  life.

                    |Fmaj7        G/F          |Em7      Am7
But  there's  a  warm  wind  blowing  the  stars  around,

            |F/G                          |C        |G/C      |F/C        |Dm    C    Dm    ‖
And  I'd  really  love  to  see  you  tonight.
```

Verse 3

```
        Dm7              G7          |Cmaj7              |
            We  could  go  walking  through  a  windy  park,

        Dm7              G7          |Cmaj7        |
            Take  a  drive      along  the  beach,

        Em7                              |Am7
            Or  stay  at  home  and  watch        TV.

                    |F/G                          |G              ‖
You  see,  it  really  doesn't  matter  much  to  me.
```

Repeat Chorus

Bridge

```
        Am                  |Em7              |
            I  won't  ask  for  promises,

        Fmaj7        G          |C            |
            So  you  don't  have  to  lie.

        Am                          |Em7              |
            We've  both  played  that  game  before:

        F/G                          |G            ‖
Say  I  love  you,  then  say      goodbye.
```

Repeat Chorus

Knock Three Times

Words and Music by
Irwin Levine and L. Russell Brown

D   A7   G   D7

Verse 1

D
Hey, girl, what ya do-in' down there?

D   **A7**
Dancin' alone every night while I live right a-bove you.

A7
I can hear your music play-in',

A7
I can feel your body sway-in',

A7   **D**
One floor below me, you don't even know me, I love you.

Chorus

G   **D**
Oh, my darlin', knock three times on the ceiling if you want me,

A7   **D**   **D7**
Twice on the pipe if the answer is no.

G   **D**
Oh, my sweetness, *(3 knocks)* means you'll meet me in the hallway,

A7   **D**   **G A7**
Twice on the pipe means you ain't gonna show.

Verse 2

‖**D** | |
If you look out your win-dow tonight,

D | |**A7** | |
Pull in the string with the note that's attached to my heart.

A7 |
Read how many times I saw you,

|**A7** |
How in my silence I adore you,

|**A7** | |**D**
And only in my dreams did that wall between us come a-part.

Repeat Chorus (2X)

Lights

Words and Music by
Steve Perry and Neal Schon

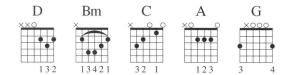

Chorus

           |**D**   **Bm** |**C**
When the lights go down in the city

           |**D**   **Bm** |**C**
And the sun shines on the bay,

           |**D**   **Bm** |**C** |
Ooh, I want to be there   in my city, oh, oh,

Bm   **C** |**D** ||
Oh,   oh,   oh.

Verse

```
   D          Bm       |C             |
   So,  you  think  you're    lonely.

   D          Bm       |C               |
   Well,  my  friend,  I'm  lonely  too.

   D              Bm        |C                |
   I  want  to  get  back  to  my  city  by  the  bay,

   Bm        C        |D
   Oh,                 oh.
```

Bridge

```
     ‖Bm  A  G              |D
   It's  sad,    oh,  there's  been  mornings

                       |Bm        A   G
   Out  on  the  road  with - out  you,

                   |D        A        |
   Without  your  charms,

   Bm      A  G          |D              |
     Oh,    oh,  my,  my,  my,  my,  my,  my.

   Bm    C   |D
   Woh,      oh.
```

Repeat Chorus

Lookin' Out My Back Door

Words and Music by John Fogerty

| G | Em | C | D |

Verse 1

G
Just got home from Illinois.

Em
Lock the front door, oh boy!

C |**G** |**D**
Got to sit down, take a rest on the porch.

|**G**
I - magination sets in.

Em
Pretty soon I'm singin'.

C |**G** |**D** |**G**
Doo, doo, doo, lookin' out my back door.

Verse 2

‖**G** |
There's a giant doing cartwheels,

|**Em** | |
A statue wearin' high heels.

C |**G** |**D** |
Look at all the happy creatures dancing on the lawn.

|**G** | |
A dinosaur Vic - trola

Em | |
Listening to Buck Owens.

C |**G** |**D** |**G** ‖
Doo, doo, doo, lookin' out my back door.

Chorus 1

D |
Tambourines and elephants

|**C** |**G**
Are playing in the band.

|**G** |**Em** |**D** | |
Won't you take a ride   on the flyin' spoon? Doo, doo doo.

G |
Wondrous appa - rition

|**Em** | |
Pro - vided by ma - gician.

C |**G** |**D** |**G** ‖
Doo, doo, doo, lookin' out my back door.

Chorus 2

D |
Tambourines and elephants

   |**C** |**G**
Are playing in the band.

      |**G** |**Em** |**D** | |
Won't you take a ride   on the flyin' spoon? Doo, doo doo.

G |
Bother me to - morrow.

   |**Em** | |
To - day, I'll buy no sorrows.

C |**G** |**D** |**G** ||
Doo, doo, doo, lookin' out my back door.

Verse 3

G | |
Forward troubles Illinois.

Em | |
Lock the front door, oh boy!

C |**G** |**D** | |
Look at all the happy creatures dancing on the lawn.

G |
Bother me to - morrow.

   |**Em** | |
To - day, I'll buy no sorrows.

C |**G** |**D** |**G** ||
Doo, doo, doo, lookin' out my back door.

Maggie May

Words and Music by
Rod Stewart and Martin Quittenton

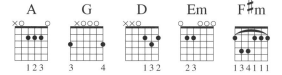

Verse 1

A |G |D |
Wake up, Maggie, I think I got something to say to you.

|A |G |D |
It's late September and I really should be back at school.

|G |D
I know I keep you amused,

|G |A
But I feel I'm being used.

|Em |F♯m |Em | D
Oh Maggie, I couldn't have tried any more.

|Em |A
You lured me away from home

|Em |A
Just to save you from being a - lone.

|Em |A |D |
You stole my heart and that's what really hurts.

Verse 2

```
 ||A                   |G              |D                      |
The morning sun when it's in your face really shows your age.
```

```
  |A                   |G                 |D                 |
But that don't worry me none; in my eyes you're everything.
```

```
 |G                  |D
I laughed at all of your jokes;
```

```
 |G                          |A
My love you didn't need to coax.
```

```
  |Em                  |F♯m    |Em     |D
Oh Maggie, I couldn't have tried any more.
```

```
   |Em                    |A
You lured me away from home
```

```
       |Em                 | A
Just to save you from being a - lone.
```

```
      |Em                |A        G       |D      |        ||
You stole my soul and that's a pain I can do without.
```

Verse 3

```
   A                 |G            |D              |
All I needed was a friend to lend a guiding hand.
```

```
      |A               |G                    |D              |
But you turned into a lover and mother, what a lover; you wore me out.
```

```
  |G                 |D
All   you did was wreck my bed
```

```
     |G                      |A
And in the morning kick me in the head.
```

```
  |Em                  |F♯m    |Em       |D
Oh Maggie, I couldn't have tried any more.
```

```
  |Em                    |A
You lured me away from home
```

```
       |Em              | A
'Cause you didn't want to be a - lone.
```

```
   |Em                |A             |D      |        ||
You stole my heart; I couldn't leave you if I tried.
```

Verse 4

```
       A                G                    D                  |
I suppose I could col - lect my books and get on back to school,

     |A              G                     |D                |
Or steal my daddy's cue and make a living out of playing pool.

     |G                      |D
Or find myself a rock-and-roll band

      |G                   |A
That needs a helpin' hand.

     |Em            |F#m         |Em         |     D
Oh Maggie, I wish I'd never seen your face.

           |Em                  |A
You made a first-class fool out of me,

           |Em                 |A
But I'm as blind as a fool can be.

     |Em                |A       G    |D          |          ||
You stole my heart but I love you an - yway.
```

Outro

```
     D     |Em    |G          |D       |    |Em    |G    |D
Maggie, I wish I'd never seen your face.

       |D         |Em   |G          |D       |    |Em    |G    |D    ||
I'll get on back home one of these days.
```

Nights in White Satin

Words and Music by Justin Hayward

Em   D   C   G   F   A

Verse 1

```
Em              |D    |Em                   |D         |
   Nights in white satin,        never reaching the end,
C        |G       |F              |Em             |
   Letters I've written,      never meaning to send.
Em              |D       |Em                   |D          |
   Beauty I've always missed       with these eyes be - fore;
C        |G       |F           |Em            |
   Just what the truth is      I can't say any - more.
        |A         |         |C         |
   'Cause I love you;      yes, I love you.
C      |Em    |D    |Em     |D      ||
   Oh, how I love you!
```

Verse 2

```
Em       |D    |Em               |D       |
   Gazing at people,      some hand in hand.
C        |G         |F              |Em        |
   Just what I'm going through,      they can't under - stand.
Em          |D    |Em                     |D           |
   Some try to tell me      thoughts they cannot de - fend.
C        |G       |F           |Em             |
   Just what you want to be,      you will be in the end.
        |A         |       |C         |
   And I love you;      yes, I love you.
C      |Em    |D    |Em     |D      ||
   Oh, how I love you!
```

Repeat Verse 1

STRUM & SING

On and On

Words and Music by Stephen Bishop

C   Am7   Dm7   F/G   Cmaj7   A7sus4   A7   Fmaj7   Em7   D7

Verse 1

| C   **Am7** |C   **Am7** |
Down in Jamaica they got   lots of pretty women.

| C   **Am7** |Dm7   **F/G** |
Steal your money then they   break your heart.

| C   **Am7** |C   **Am7** |
Lone - some Sue, she's in love with ol' Sam.

| Dm7   **F/G** |C   **Am7** |
Take   him from the fire into the   frying pan.

Chorus 1

‖ **Dm7** | **F/G** |
On and on, she just keeps   on trying.

Cmaj7 | **A7sus4**   **A7**
And she smiles when she feels   like crying.

| **Dm7** | **F/G** |C   **Am7** |C   **Am7**   ‖
On   and on, on and on, on and on.

Verse 2

```
    C      Am7          |C        Am7                |
        Poor ol' Jimmy sits a - lone in the moonlight.

    C      Am7          |Dm7       F/G
        Saw his woman kiss an  -  other man.

          |C        Am7              |C        Am7        |
    So he    takes a ladder, steals the stars from the sky,

    Dm7        F/G               |C        Am7
        Puts on Sinatra, and starts   to cry.
```

Chorus 2

```
            ‖Dm7                |F/G             |
    On and on, he just keeps      on trying

    Cmaj7                            |A7sus4      A7
            And he smiles when he feels        like crying.

        |Dm7                   |F/G          |C    Am7   |C    Am7
    On        and on, on and on, on and on.
```

Bridge

```
            ‖Fmaj7                   |Em7
    When the       first time is the last     time,

            |Dm7            F/G        |Cmaj7
    It can make you feel    so bad.

            |Fmaj7          |Em7
    But if you know it, show       it.

        |Am7      D7
    Hold      on tight.

            |F/G                    |          |C    Am7  |C    Am7  |C    Am7  |C    Am7
    Don't let    her say goodnight.
```

Verse 3

```
       ‖C            Am7              |C         Am7            |
Got the    sun on my shoulders and my toes in the  sand.

    C           Am7                  |Dm7        F/G
   Wom - an's left me for some        other  man.

           |C            Am7              |C          Am7          |
Aw, but    I don't      care; I'll just dream and  stay  tan.

Dm7            F/G                  |C           Am7
   Toss up  my heart to see     where it  lands.
```

Chorus 3

```
       ‖Dm7              |F/G              |
On and on, I just keep      on  trying,

Cmaj7                          |A7sus4      A7
    And I smile when I feel          like  dying.

   |Dm7                 |F/G            |C    Am7        |
On     and on, on and on, on and  on.
```

Outro

```
C  Am7       ‖Dm7              |F/G             |C    Am7       |
On and on,      on and on,     on and on.

C  A7        |Dm7              |F/G              |C  Am7 |C  Am7 |C  Am7 |C      ‖
On and on,      on and on,     on and on.
```

Rocky Mountain High

Words and Music by
John Denver and Mike Taylor

(Capo 2nd fret)

A   D   Em7   C   G   Dmaj7

Verse 1

|A |D |Em7 |C   A
He was born in the sum-mer of his twenty-seventh year,

|D |Em7 |G   A
Comin' home to a place he'd never been before.

|D |Em7 |C   A
He left yesterday behind him, you might say he was born again,

|D |Em7 |G   A
You might say he found a key for every door.

Verse 2

||D |Em7 |C
When he first came to the moun-tains his life was far away,

A |D |Em7 |G   A
On the road and hangin' by a song.

|D |Em7 |C   A
But the string's already bro-ken and he doesn't really care,

|D |Em7 |G   A
It keeps changin' fast, and it don't last for long.

Chorus 1

||G |A |D |
But the Colorado Rocky Mountain high,

|G |A |D |
I've seen it rainin' fire in the sky.

|G |A |D   Em7 Dmaj7 |G | | |
The shadow from the star - light is softer than a lull - a - by.

|D | |Em7 |G
Rocky Mountain high,

A |D | |Em7 |G   A
Rocky Mountain high.

Verse 3

‖D | |Em7 |C   A
He climbed   Cathedral Moun-tains, he saw silver clouds below,

|D | |Em7 |G A
He saw everything as far as you can see.

|D | |Em7 |C A
And they say that he got cra-zy once and he tried to touch the sun,

|D | |Em7 |G A
And he lost a friend but kept his memory.

Verse 4

‖D | |Em7 |C
Now he walks in quiet sol-itude the forests and the streams,

A |D | |Em7 |G A
Seeking grace in every step he takes.

|D | |Em7 |C A
His sight has turned inside himself to try and understand

|D | |Em7 |G A
The se-renity of a clear blue mountain lake.

Chorus 2

‖G |A |D |
And the Colorado Rocky Mountain high,

|G |A |D | |G
I've seen it rainin' fire in the sky.

|A |D Em7 Dmaj7 |G | | |
Talk to God and listen to the cas-ual   re - ply.

|D | |Em7 |G
Rocky Mountain high,

A |D | |Em7 |G A
Rocky Mountain high.

Verse 5

      ‖D | |Em7 |C A
Now his life is full of won-der but his heart still knows some fear

      |D | |Em7 |G A
Of a simple thing he cannot compre-hend:

        |D | |Em7 |C A
Why they try to tear the moun-tains down to bring in a couple more

      |D | |Em7 |G A
More people, more scars upon the land.

Chorus 3

      ‖G |A   D |
And the Colorado Rocky Mountain high,

     |G |A |D |
I've seen it rainin' fire in the sky.

    |G |A |D   Em7 Dmaj7 |G | |
I know he'd be a poor - er man if he never saw an ea - gle   fly.

                |D | |Em7 |G
Rocky Mountain high,

       A |D |
Rocky Mountain high.

Outro-Chorus

      ‖G |A |D |
It's a Colorado Rock - y Mountain high,

     |G |A |D | |
I've seen it rainin' fire in the sky.

    G |A |D   Em7 D |G | | |
Friends around the camp - fire and everybod - y's high.

                |D | |Em7 |G
Rocky Mountain high,

       A |D | |Em7 |G
Rocky Mountain high,

       A |D | |Em7 |G
Rocky Mountain high,

       A |D | ‖
Rocky Mountain high.

Say, Has Anybody Seen My Sweet Gypsy Rose

Words and Music by Larry Russell Brown
and Irwin Levine

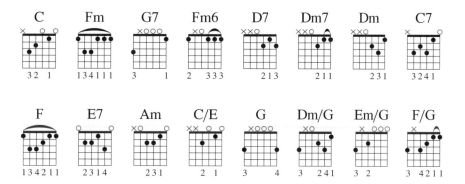

Intro

C   Fm |G7   C |
We were very happy, well at least I thought we were.

C   Fm |C
Can't somebody tell me what's got into her?

|Fm   Fm6 |C |
A house, a home, a family, and a man that loves her so.

D7 |Dm7   G7
Who'd believe she'd leave us to join the burlesque show.

Verse 1

‖**C** | |**Dm** |**G7** |
Oh, say has any - body seen my   sweet Gypsy Rose?

Dm |**G7** |**C** |**C7**
Here's her picture when she was my   sweet Mary Jo.

|**F** | |**C**   **E7 Am** | |
Now she's got   rings on her fingers and bells on her toes.

D7 |**G7** |**F**   **C/E** **Dm7 C** |
Say, has any - body seen my   sweet Gyp - sy   Rose?

Verse 2

‖**C** | |**Dm** |**G7** |
Oh, I got wind my Jo's been dancing here in New Orleans

Dm |**G7** |**C** |**C7**
In this smoke-filled honky-tonk they call the Land of Dreams.

|**F** | |**C**   **E7 Am** | |
Woh,   here she comes a - strutting in her birth - day clothes.

D7 |**G7** |**F**   **C/E** **Dm7 C** |
Say, has any - body seen my   sweet Gyp - sy   Rose?

Bridge

‖**E7** | |**Am** |
Oh baby, baby, won't you come home.

|**D7** | |
Say, we all miss you.

G | |**Dm/G** **Em/G** |**F/G**   **G**
And every night we kiss your picture.

Verse 3

‖**C** | |**Dm** |**G7** |
Oh Rose, one night the lights go dim and the crowd goes home.

Dm |**G7** |**C** |**C7**
That's the day you wake up and you find you're all alone.

|**F** | |**C** **E7 Am**| |
So let's say good-bye to Gypsy; hel - lo, Mar - y Jo.

D7 |**G7** |**F** **C/E** **Dm7 C** | ‖
Say, has any - body seen my sweet Gyp - sy Rose?

Verse 4

C | |**Dm** |**G7** |

Dm |**G7** |**C** |**C7**

|**F** | |**C** **E7** **Am** | |
So take those rings off your fingers and bells off your toes.

D7 |**G7** |
Say, has any - body seen my...

D7 |**G7** |
Now you know just what I mean by...

D7 |**G7** |**C** | **G** **C** ‖
Has anybody seen my Gypsy Rose?

Shelter from the Storm

Words and Music by Bob Dylan

D   A   G

Verse 1

D |A |G |D
'Twas in another lifetime, one of toil and blood,

 |D |A |G | |
When blackness was a virtue and the road was full of mud.

D |A |G |
I came in from the wilderness, a creature void of form.

     |D |A |G |D |A |G |D
"Come in," she said, "I'll give you shelter from the storm."

Verse 2

   ||D |A |G |D
And if I pass this way again, you can rest as - sured

 |D |A |G |
I'll always do my best for her, on that I give my word,

  |D |A |G |
In a world of steel-eyed death, and men who are fighting to be warm.

    |D |A |G |D |A |G |D |
"Come in," she said, "I'll give you shelter from the storm."

Verse 3

```
  ‖D                      |A                |G          |D           |
Not a word was spoke be - tween us; there was little risk in - volved.
  D          |A                   |G          |          |
  Everything up to that point had been left unre - solved.
  D          |A                |G              |
  Try imagin - ing a place where it's always safe and warm.
     |D                |A    |G           |D    |A  |G    |D    |
"Come in," she said, "I'll give you shelter from the storm."
```

Verse 4

```
  ‖D                 |A      |G          |D            |
I was burned out from ex - haustion, buried in the hail,
  D               |A        |G             |          |
  Poisoned in the bushes an' blown out on the trail,
  D              |A      |G          |
  Hunted like a crocodile, ravaged in the corn.
     |D                |A    |G           |D    |A  |G    |D    ‖
"Come in," she said, "I'll give you shelter from the storm."
```

Verse 5

```
  D            |A             |G            |D
  Suddenly I turned around and she was standin' there
     |D                |A                |G             |
With silver bracelets on her wrists and flowers in her hair.
     |D                  |A         |G                  |
She walked up to me so gracefully and took my crown of thorns.
     |D                |A    |G           |D    |A  |G    |D
"Come in," she said, "I'll give you shelter from the storm."
```

Verse 6

```
  ‖D                    |A    |G              |D
Now there's a wall be - tween us; somethin' there's been lost.
  |D             |A       |G          |          |
I took too much for granted; I got my signals crossed.
  D             |A          |G          |
Just to think that it all began on a non-eventful morn.
     |D                |A    |G           |D    |A  |G    |D
"Come in," she said, "I'll give you shelter from the storm."
```

Verse 7

     ‖D |A |G |D
Well, the deputy walks on hard nails and the preacher rides a mount,

   |D |A |G |
But nothing really matters much; it's doom alone that counts.

     |D |A |G |
And the one-eyed under - taker, he blows a futile horn.

      |D |A |G |D |A |G |D ‖
"Come in," she said, "I'll give you shelter from the storm."

Verse 8

D |A |G |D |
I've heard newborn babies wailin' like a mournin' dove

   |D |A |G |
And old men with broken teeth stranded without love.

    |D |A |G |
Do I understand your question, man? Is it hopeless and for - lorn?

    |D |A |G |D |A |G |D
"Come in," she said, "I'll give you shelter from the storm."

Verse 9

    ‖D |A |G |D
In a little hilltop village, they gambled for my clothes.

  |D |A |G |
I bargained for sal - vation an' she gave me a lethal dose.

  |D |A |G |
I offered up my innocence and got repaid with scorn.

    |D |A |G |D |A |G |D
"Come in," she said, "I'll give you shelter from the storm."

Verse 10

    ‖D |A |G |D |
Well, I'm livin' in a foreign country but I'm bound to cross the line.

D |A |G |
Beauty walks a razor's edge; some - day I'll make it mine.

    |D |A |G |
If I could only turn back the clock to when God and her were born.

    |D |A |G |D |A |G |D ‖
"Come in," she said, "I'll give you shelter from the storm."

Superstar

Words and Music by Leon Russell
and Bonnie Sheridan

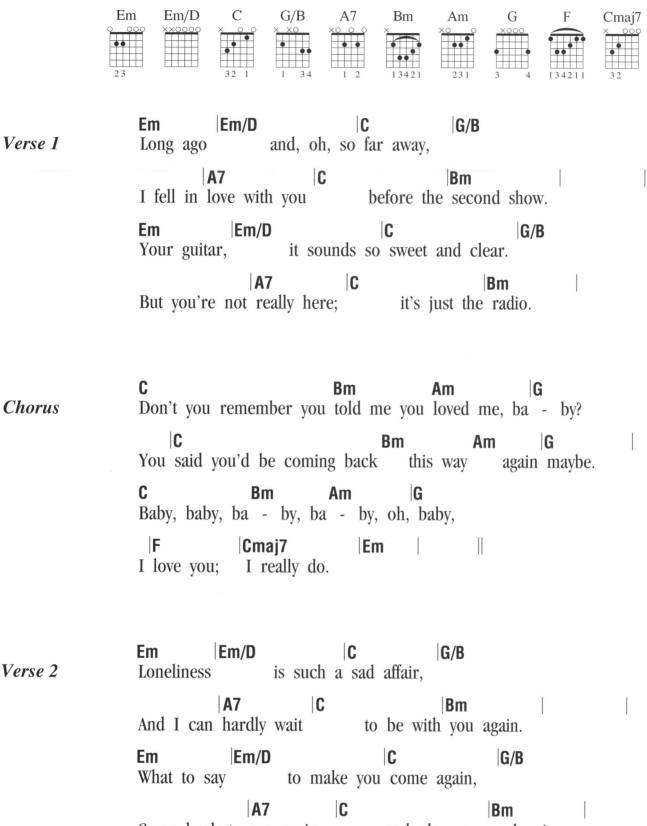

Verse 1

Em |Em/D |C |G/B
Long ago   and, oh, so far away,

        |A7 |C |Bm | |
I fell in love with you   before the second show.

Em |Em/D |C |G/B
Your guitar,   it sounds so sweet and clear.

        |A7 |C |Bm | ||
But you're not really here;   it's just the radio.

Chorus

C   Bm   Am |G
Don't you remember you told me you loved me, ba - by?

        |C   Bm   Am |G |
You said you'd be coming back   this way   again maybe.

C   Bm   Am |G
Baby, baby, ba - by, ba - by, oh, baby,

        |F |Cmaj7 |Em | ||
I love you;   I really do.

Verse 2

Em |Em/D |C |G/B
Loneliness   is such a sad affair,

        |A7 |C |Bm | |
And I can hardly wait   to be with you again.

Em |Em/D |C |G/B
What to say   to make you come again,

        |A7 |C |Bm | ||
Come back to me again,   and play your sad guitar.

Repeat Chorus (2x)

Space Oddity

Words and Music by
David Bowie

C   Em   Am   D   E7   F   Fm

Fmaj7   Em7   B♭maj7   Am7   G   D7   E

Intro

C |Em |
Ground Control to Major Tom,

C |Em |
Ground Control to Major Tom,

Am |D |
Take your protein pills and put your helmet on.

C |Em |
Ground Control to Major Tom,

Am |Em |
Commencing countdown, engines on,

                     |D | | | ||
Check ignition and may God's love be with you.

Verse 1

C |E7 |F
This is Ground Control to Major Tom,   you've really made the grade

     |Fm   C |F
And the papers want to know   whose shirts you wear.

     |Fm   C |F |
Now it's time to leave the capsule if you dare.

C |E7 |F
This is Major Tom to Ground Control,   I'm stepping through the door,

     |Fm   C |F
And I'm floating in a most   peculiar way,

     |Fm   C |F
And the stars   look very different today.

Bridge 1

‖**Fmaj7** |**Em7** |
For here am I sitting in a tin can,

Fmaj7 |**Em7** |
Far above the world.

B♭maj7   **Am7** |**G** |**F** ‖
Planet Earth is blue and there's nothing I can do.

Verse 2

C |**E7** |**F**
Though I'm past one hundred thousand miles I'm feeling very still,

   |**Fm**   **C** |**F**
And I think my spaceship knows which way to go.

   |**Fm**   **C** |**F** |
Tell my wife I love her very much, she knows.

G   **E7** |**Am**
Ground Control to Major Tom, your circuit's dead, there's something wrong.

   |**D7**
Can you hear me, Major Tom?

   |**C**
Can you hear me, Major Tom?

   |**G**
Can you hear me, Major Tom?

Bridge 2

‖**Fmaj7** |**Em7** |
Can you hear me, am I floating 'round my tin can,

Fmaj7 |**Em7** |
Far above the moon?

B♭maj7   **Am7** |**G**   **F** | **E** | ‖
Planet Earth is blue and there's nothing I can do.

Summer Breeze

Words and Music by
James Seals and Dash Crofts

E   G   D   A   Am7   Bm7

Gsus4   Em7   D7sus4   E7sus4   A/B

Verse 1

E   G |
See the curtains hang - ing in the window

D   A |E Am7 |
In the evening on a Friday night.

E   G |
A little light a shin - ing through the window

D   A |E ||
Lets me know every-thing's alright.

Chorus

Am7 |Bm7 |
Summer breeze makes me feel fine,

Am7 |G | Gsus4 G |
Blowin' through the jasmine in my mind.

Am7 |Bm7 |
Summer breeze makes me feel fine,

Am7 |G | Gsus4 G |Em7 Am7 ||
Blowin' through the jasmine in my mind.

Verse 2

```
       E                G                    |
    See the paper lay - ing on the sidewalk,

    D                         A            |E Am7 |
    A little music from the house next door.

    E                G                    |
    So I walk on up to the doorstep,

    D                         A            |E    ||
    Through the screen and a-cross the floor.
```

Repeat Chorus

Bridge

```
       Em7          Am7       |Em7          Am7     |
    Sweet days of summer, the jasmine's in bloom,

    Em7  Am7          |Em7          Am7
    July is dressed up and playing her tune.

                   |D7sus4          |E7sus4
    When I come home from a hard        day's work

                   |D7sus4              |E7sus4           |A/B     ||
    And you're waiting there, not a care        in the world.
```

Verse 3

```
       E                G                    |
    See the smile a wait - ing in the kitchen,

    D                         A            |E Am7 |
    Food cooking and the plates for two.

    E                         G              |
    Feel the arms that reach   out to hold me

    D                         A            |E    ||
    In the evening when the day is through.
```

Repeat Chorus

Sunshine on My Shoulders

Words by John Denver
Music by John Denver, Mike Taylor and Dick Kniss

(Capo 3rd fret)

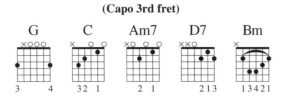

G   C   Am7   D7   Bm

Chorus

```
       G         C       |G         C      |G    C |G  C  |
Sunshine   on my shoulders   makes me happy,

       G         C     |G   C       |Am7 |D7      |
Sunshine   in my eyes can make me cry.

       G         C        |G    C       |G    C |G  C  |
Sunshine   on the water   looks so lovely,

       G         C        |G    C       |G  C |G  C  ||
Sunshine   almost always   makes me high.
```

Verse 1

```
G  Am7 |Bm  C          |G       Am7 |Bm  C
If I had a day   that I could give you,

    |G       Am7 |Bm  C      |Am7 |D7    |
I'd give to you     a day just like to-day.

G    Am7 |Bm  C          |G        Am7 |Bm  C
If I had    a song   that I could sing for you,

    |G       Am7 |Bm       C     |G  Am7 |Bm  C ||
I'd sing a song     to make you feel this way.
```

Repeat Chorus

Verse 2
```
        G   Am7 |Bm C            |G       Am7 |Bm C
If I had a tale  that I could tell you,

        |G         Am7|Bm  C          |Am7  |D7      |
I'd tell a tale        sure to make you smile.

G        Am7 |Bm  C             |G         Am7 |Bm  C
If I had      a wish  that I could wish for you,

        |G              Am7   |Bm      C    |G   Am7 |Bm C  ‖
I'd make a wish       for sunshine all the while.
```

Repeat Chorus

Outro
```
G         C      |G        C        |G   Am7 |Bm  C  |
Sunshine almost all the time  makes me high.

G        C      |G        C |G Am7 |Bm C |G      ‖
Sunshine almost always…
```

Take It Easy

Words and Music by
Jackson Browne and Glenn Frey

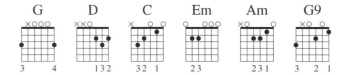

Verse 1

|G |
Well, I'm a - running down the road tryin' to loosen my load,

|G   D |C
I've got sev - en women on my mind:

|G |D
Four   that wanna own me, two   that wanna stone me,

|C |G
One   says she's a friend of mine.

Chorus 1

‖Em | |C |G
Take it eas - y, take it eas - y.

|Am |C |Em |
Don't let the sound of your own wheels drive you cra - zy.

|C |G
Lighten up   while you still can.

|C |G
Don't even try to understand.

|Am |C |G | | |
Just find a place to make your stand   and take it eas - y.

Verse 2

     ‖**G** |
Well, I'm a - standing on a corner in Win - slow, Arizona,

  |**G**   **D** |**C**
And such a fine sight to see.

    |**G** |**D**
It's a girl, my Lord, in a flat - bed Ford

   |**C** |**G**
Slowin' down to take a look at me.

Chorus 2

     ‖**Em** |**D** |**C** |**G**
Come on, ba - by, don't say may - be.

    |**Am** |**C** |**Em** |
I gotta know if your sweet love is gonna save me.

     |**C** |**G**
We may lose and we may win,

     |**C** |**G**
Though we will never be here again.

    |**Am** |**C** |**G** |
So open up, I'm climbin' in, so take it eas - y.

Verse 3

          ‖**G** |
Well, I'm a - running down the road trying to loosen my load.

            |**G**   **D** |**Am**
Got a world   of trouble on my mind.

       |**G** |**D**
Look - in' for a lover who won't   blow my cover,

       |**C** |**G**
She's so hard to find.

Chorus 3

          ‖**Em** | |**C** |**G**
Take it eas   -   y, take it eas   -   y.

           |**Am** |**C** |**Em** |
Don't let the sound of your own wheels make you crazy.

          |**C** |**G** |**C** |**G**
Come on, ba   -   by, don't say may   -   be.

        |**Am** |**C**   **G** | | ‖
I gotta know if your sweet love is gonna save   me.

Outro

C | |**G** | |
Ooh,   ooh,   ooh,   ooh,

C | |**G** | |
Ooh,   ooh,   ooh,   ooh,

C | |**G** |**G9** |**C** |
Ooh,   oh, we got it eas   -   y.

             |**G** |**G9** |**C** | |**Em**   ‖
We oughta take it eas   -   y.

This Masquerade

Words and Music by
Leon Russell

Am   Am(maj7)   Am7   D7   F7   Bm7♭5   E7   A♭m7   D♭7

Gm7   C7   Fmaj7   F♯m7   B7   Emaj7   Bm7   B♭9♭5

Verse 1

Am |Am(maj7) |Am7 |D7 |
   Are we really happy here with this lonely game we play,

Am |F7 |Bm7♭5 |E7 |
   Looking for words   to say?

Am |Am(maj7) |Am7 |D7 |
   Searching but not finding under - standing anywhere,

|F7 |E7 |Am | A♭m7 D♭7   ‖
We're lost in a mas   -   querade.

Bridge

Gm7 |C7 |Fmaj7 |D7 |
   Both afraid to say we're just too far away

Gm7 |C7 |Fmaj7 |
   From being close to - gether from the start.

|F♯m7 |B7 |Emaj7 |
We tried to talk it over but the words got in the way.

|Bm7 |B7 |E7   Bm7 |E7   B♭9♭5   ‖
We're lost   inside   this lone - ly game we play.

Verse 2

Am |Am(maj7) |Am7 |D7 |
   Thoughts of weeping disappear every time I see your eyes.

Am |F7 |Bm7♭5 |E7 |
   No matter how hard   I try

Am |Am(maj7) |Am7 |D7 |
   To understand the reasons that we carry on this way,

|F7 |E7 |Am | ‖
We're lost in a mas   -   querade.

Take Me Home, Country Roads

Words and Music by
John Denver, Bill Danoff and Taffy Nivert

A   F♯m   E   D   G   E7

123   134111   231   132   3   4   2314

Verse 1

| A | | F♯m | | E
Almost heaven,   West Virgin-ia,

| E | D | A | |
Blue Ridge Mountains, Shenandoah River.

| A | | F♯m | | |
Life is old there, older than the trees,

| E | | D | A
Younger than the mountains, growin' like a breeze.

Chorus

|| A | | E | |
Country roads, take me home

| F♯m | | D | |
To the place I be-long:

| A | | E | |
West Vir-ginia, mountain momma,

| D | | A | | ||
Take me home, country roads.

Verse 2
```
       A           |        |F♯m              |      |E
        All my memories       gather 'round her,

           |E  |D            |A       |      |
        Miner's lady, stranger to blue water.

       A           |        |F♯m          |      |
        Dark and dusty, painted on the sky,

       E           |            |D             |A
        Misty taste of moonshine, teardrop in my eye.
```

Repeat Chorus

Interlude
```
       F♯m              |E          |A            |
            I hear her voice, in the mornin' hour she calls me,

          |D    |A            |E         |
        The radio re-minds me of my home far a-way,

          |F♯m            |G          |D
        And drivin' down the road I get a feelin'

           |A                  |E         |      |E7    |
        That I should have been home yesterday, yester-day.
```

Outro-Chorus
```
              ‖A      |         |E       |
        Country roads, take me home

              |F♯m |    |D       |
        To the place I be-long:

              |A       |         |E          |
        West Vir-ginia, mountain momma,

              |D    |         |A       |
        Take me home, country roads.

              |E      |      |A        |
        Take me home, country roads,

              |E      |      |A      |      ‖
        Take me home, country roads.
```

Teach Your Children

Words and Music by Graham Nash

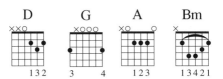

Verse 1

D |G
You who are on the road

       |D |A
Must have a code that you can live by.

  |D |G
And so become your - self,

       |D |A ||
Because the past is just a goodbye.

Chorus 1

D |G
Teach your children well,

     |D |A
Their father's hell did slowly go by.

 |D |G
And feed them on your dreams,

       |D |A |
The one they pick's the one you'll know by.

D |G
  Don't you ever ask them why,

            |D
If they told you, you would cry,

       |Bm |G   A
So just look at them and sigh

        |D |G |D |A
And know they love you.

Verse 2

   ‖**D** |**G**
And you, of the tender years

           |**D** |**A**
Can't know the fears that your elders grew by.

     |**D** |**G**
And so please help them with your youth,

         |**D** |**A**   ‖
They seek the truth before they can die.

Chorus 2

D |**G**
Teach your parents well,

        |**D** |**A**
Their children's hell did slowly go by.

   |**D** |**G**
And feed them on your dreams,

        |**D** |**A** |
The one they pick's the one you'll know by.

D |**G**
  Don't you ever ask them why,

              |**D**
If they told you, you would cry,

             |**Bm** |**G**   **A**
So just look at them and sigh

           |**D** |**G** |**D**   **A** |**D**   ‖
And know they love you.

Tie a Yellow Ribbon Round the Ole Oak Tree

Words and Music by
L. Russell Brown and Irwin Levine

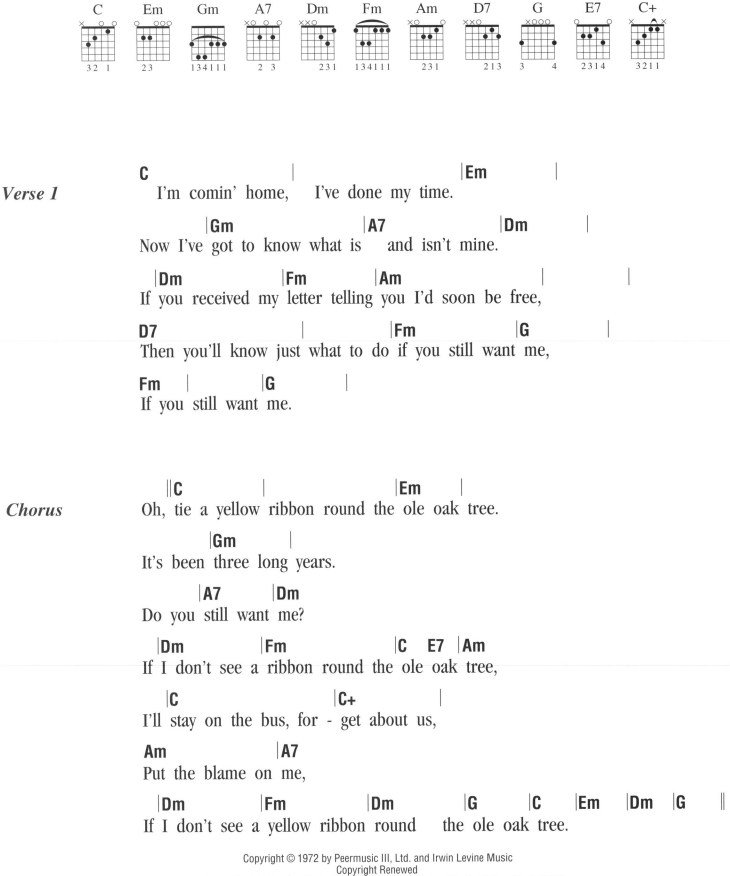

Verse 1

C | |Em |
I'm comin' home, I've done my time.

|Gm |A7 |Dm |
Now I've got to know what is and isn't mine.

|Dm |Fm |Am | |
If you received my letter telling you I'd soon be free,

D7 | |Fm |G |
Then you'll know just what to do if you still want me,

Fm | |G |
If you still want me.

Chorus

‖C | |Em |
Oh, tie a yellow ribbon round the ole oak tree.

|Gm |
It's been three long years.

|A7 |Dm
Do you still want me?

|Dm |Fm |C E7 |Am
If I don't see a ribbon round the ole oak tree,

|C |C+ |
I'll stay on the bus, for - get about us,

Am |A7
Put the blame on me,

|Dm |Fm |Dm |G |C |Em |Dm |G ‖
If I don't see a yellow ribbon round the ole oak tree.

Verse 2

C | |Em |
Bus driver, please,   look for me,

            |Gm |A7 |Dm |
'Cause I couldn't bear to see   what I might see.

       |Dm |Fm |Am |
I'm really still in prison, and my love, she holds the key.

      |D7 | |Fm |G
A simple yellow ribbon's what I need to set me free.

      |Fm | |G |
I wrote and told her, please:

Repeat Chorus

Verse 3   C | |Em | |

           Gm |A7 |Dm |

            |Dm |Fm
Now the whole damn bus is cheerin'

        |C |A7
And I can't believe I see

     |Dm |Fm |Dm |G |C | ||
A hundred yellow ribbons round the ole oak   tree.

Uncle John's Band

Words by Robert Hunter
Music by Jerry Garcia

G   C   Am   Em   D   Dm   Dsus2

Verse 1

|G | |C   G |
Well, the first days are the hardest days; don't you worry any - more.

|G | |C   G | |
'Cause when life looks like easy street there is danger at your door.

Am |Em |C |D |
Think this through with me;   let me know your mind.

C   D |G   D   C |G D |G | |
Woh, oh, what I want to know   is, are you kind?

Verse 2

||G | |C   G | |
It's a buck dancer's choice,   my friends; better take my ad - vice.

G | |C   G | |
You know all the rules by now and the fire from the ice.

Am |Em |C |D |
Will you come with me?   Won't you come with me?

C   D |G   D   C |G D |G | | ||
Woh, oh, what I want to know: will you come with me?

STRUM & SING

Pre-Chorus

```
G                         |        C  |Am     G       D   |
     Goddamn, well, I   declare,     have you seen the like?

   |C                        |
Their walls are built of can - nonballs.

   |G     D      C   |    D          ||
Their motto is "Don't tread    on me."
```

Chorus 1

```
G                      |        C  |Am    G     D   |            |
Come hear Un - cle John's band    playing to the tide.

C                    |
Come with me or go    alone.

    |G       D      C  |      D
He's come to take his chil - dren home.
```

Verse 3

```
   ||G                |                    |C        G   |          |
It's    the same story the crow told me; it's the only one he knows.

G                  |              |C          G  |          |
Like the morning sun you come and like the wind you go.

Am                  |Em  |C              |D        |
Ain't no time to hate,     barely time to wait,

C     D      |G     D    C |G     D    |G      |           ||
Woh, oh, what I want to know:    where does the time go?
```

Verse 4

```
G              |              |C        G      |          |
   I live in a silver mine and I call it Beggar's Tomb.

G              |       |C        G      |          |
I got me a violin and I beg you call the tune.

Am             |Em |C                    |D         |
Anybody's choice;      I can hear your voice.

C    D         |G      D    C |G    D    |G       |       |        ||
Woh, oh, what I want to know:     how does the song go?
```

Chorus 2

```
G              |              C    |Am   G    D  |          |
Come hear Un - cle John's band    by the river - side.

C                          |G    D      C  |    D       |
Got some things to talk    about,    here beside the ris - in' tide.

G              |              C    |Am   G    D  |          |
   Come hear Un - cle John's band    playing to the tide.

C                  |
Come on along or go    alone.

      |G      D    C  |    D          ||
He's come to take his chil - dren home.
```

Outro

```
Dm   |G      C  |Dm             |
    Da da da da da da,

G       C    |Dm           |
Da da da da da da,

G    C    |Dsus2        ||
Da da da da da da.
```

Where Is the Love?

Words and Music by Ralph MacDonald
and William Salter

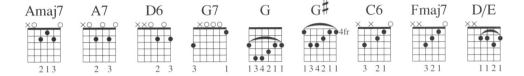

Intro

|Amaj7 |A7 |D6
Where is the love, where is the love,

|G7 |Amaj7
Where is the love, where is the love,

|A7 |D6
Where is the love, where is the love,

|G7   G G♯ ‖
Where is the love?

Chorus 1

|Amaj7 |A7
Where is the love

|D6
You said you'd give to me

|G7
Soon as you were free?

|C6 |
Will it ever be?

Fmaj7 |D/E | ‖
Where is the love?

Verse 1

Amaj7   **|C6**   **|**
      You told me that you didn't love him

Fmaj7   **|D/E**   **|**
      And you were gonna say good - bye.

Amaj7   **|C6**   **Fmaj7**
      But if you really didn't mean it,

D/E   **|**   **‖**
      Why did you have to lie?

Chorus 2

Amaj7   **|A7**
      Where is the love

                   |D6
You said was mine all mine

             |G7
Till the end of time?

             |C6   **|**
Was it just a lie?

Fmaj7   **|D/E**   **|**   **‖**
      Where is the love?

Verse 2

Amaj7   **|C6**   **|**
      If you had had a sudden change of heart,

Fmaj7   **|D/E**   **|**
      I wish that you would tell me so.

Amaj7   **|C6**   **Fmaj7**   **|**
      Don't leave me hangin' on the promis - es.

D/E   **|**   **|**   **‖**
      You've got to let me know.

Interlude

```
Amaj7              |A7               |D6                |G7                          |
        Do do do do,      do do do do,      do do do do    do do do,
C6              |Fmaj7          |D/E      |          ||
        Do do do do      do do do do      do.
```

Verse 3

```
Amaj7                        |C6              |
        Oh, how I wish I never met you.
Fmaj7                            |D/E        |
        I guess it must have been my fate
Amaj7                            |C6    Fmaj7      |
        To fall in love with someone else's love.
D/E                      |          |
        All I can do is wait.
D/E                      |                    ||
        That's all I can do,      yeah, yeah, yeah.
```

Outro

```
Amaj7                |A7              |D6
        Where is the love,    where is the love,
              |G7              |Amaj7
Where is the love,    where is the love,
              |A7              |D6
Where is the love,    where is the love,
              |G7                  |Amaj7      ||
Where is the love,    where is the love?
```

You Are the Sunshine of My Life

Words and Music by
Stevie Wonder

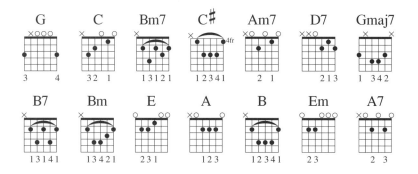

Chorus 1

G |C |Bm7 |C♯ |
You are the sun - shine of my life,

Am7 |D7 |G |Am7 D7 |
That's why I'll al - ways be around.

G |C |Bm7 |C♯ |
You are the ap - ple of my eye,

Am7 |D7 |G |Am7 ||
Forever you'll   stay in my heart.

Verse 1

G |C |Gmaj7 |C |
I feel like this   is the be   - ginning,

Gmaj7 |C |B7 |Bm B |
Though I've loved you   for a million years.

E |A   B |Em |
And if I thought   our love was   ending,

          |A7 | |D7 | ||
I'd find   myself drown-ing in my own tears. Whoa, whoa.

Chorus 2

G |C |Bm7 |C♯ |
You are the sun - shine of my life,

Am7 |D7 |G |Am7 D7 |G
That's why I'll al - ways stay around.

G |C |Bm7 |C♯ |
You are the ap - ple of my eye,

Am7 |D7 |G |Am7 ||
Forever you'll   stay in my heart.

Verse 2

G |C |Gmaj7 |C |
You must have known   that I was   lonely,

Gmaj7 |C |B7 |Bm B |
Because you came   to my rescue.

E |A   B |Em |
And I know that   this must   be   heaven,

          |A7 | |D7 | ||
How could so   much love be inside of you? Whoa.

Repeat Chorus 1

You've Got a Friend

Words and Music by Carole King

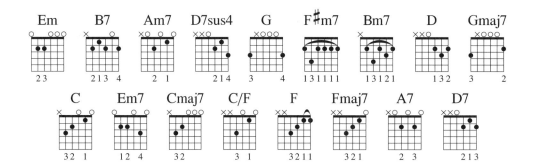

Verse 1

|Em |B7
When you're down   and trou - bled

   |Em   B7 |Em
And you need a helping hand

  |Am7 |D7sus4 |G | |
And nothing,   woh, nothing is going right,

F#m7 |B7
Close your eyes and think   of me

   |Em   B7 |Em
And soon I will   be there

  |Am7 |Bm7 |D7sus4 |D
To brighten up   even your darkest night.

Chorus

```
                 ‖G                    |Gmaj7
You just call        out my name,

                 |C                    |Am7
And you  know  wherever  I  am,

D7sus4           |G                    |Gmaj7
I'll come run  -  ning, oh yeah, ba  -      by,

                          |D7sus4      |          |
To  see  you  again.

G                                    |Gmaj7      |
Winter,  spring,  summer,  or  fall,

C                          |Em7
All  you  got  to  do  is  call

          |Cmaj7      Bm7               |D7sus4
And  I'll  be  there,      yeah,  yeah,  yeah.

                          |G        |C        |G        |F♯m7    B7
You've  got  a  friend.
```

Verse 2

```
                 ‖Em        |B7
If  the  sky        above      you

                    |Em        B7              |Em
Should  turn  dark  and  full  of  clouds

            |Am7             |D7sus4                |G        |        |
And  that  old    north  wind          should  begin  to  blow,

F♯m7                          |B7
  Keep  your  head  togeth  -  er

    |Em             B7          |Em              |
And  call  my  name     out  loud,

Am7                          |Bm7                  |D7sus4          |D
  Soon  I  will  be  knock  -  ing  upon  your  door.
```

Repeat Chorus
(omit last line)

Bridge

     ‖C/F   F |C
Hey, ain't it good to know that you've got a friend

      |G |Gmaj7
When people can be so cold?

      |C |Fmaj7
They'll hurt you and desert   you.

       |Em7 |A7
Well, they'll take your soul if you let them.

       |D7sus4 |D7
Oh yeah, but don't you let them.

Repeat Chorus
(omit last line)

           ‖G |C
Outro You've got a friend.

          |G |
You've got a friend.

C |G
 Ain't it good to know you've got a friend?

      |C |G
Ain't it good to know you've got a friend?

      |C |G   ‖
Oh, yeah, yeah, you've got a friend.